# AS NOVAS FRONTEIRAS I

## LIVRO CATÁLOGO

(Catálogo de trabalhos de alunos do Ensino Fundamental I na perspectiva da arteteterapia nas Artes Visuais)

## Introdução

A arteterapia é a nova fronteira da das artes com psicologia aliada à Gestalt, não apenas na área da psicologia, mas na área da Medicina e suas patologias. Em nosso caso vamos nos fixar nas Artes Visuais, uma vez que é a área em que somos formados.

Com um arcabouço bibliográfico adequado investimos na ARTETERAPIA através das artes visuais, por sermos licenciados nessa área, assim como por sermos ativistas sociais em amplo espectro, ou seja, na defesa do politicamente correto, tanto na questão das reivindicações soviais com participação em passeatas, até o fomento do politicamente correto nas redes sociais, assim como na defesa das artes em geral e precipuamente as artes visuais.

Nosso livro funciona como um catálogo de obras feitas por alunos do Ensino Fundamental I, mais precisamente da EMEF Luís Roberto Mega, situada no Jardim Áurea, entre Guaianases e o início de Cidade Tiradentes.

Nem podemos falar em capítulos, mas partes, na verdade 4 partes com 4 temas.

1.A pintura livre, às vezes sugerida com temas diversos.

2.    A técnica de formar imagens aleatoriamente jogando tinta e dobrando o papel, a partir da ideia dos cartões de Rorschach, um psiquiatra alemão

3.    A confecção de rosácea como ícones, ou símbolos, ou índices da diversidade dentro da visão semiótica de: ícone, índice, símbolo.

4.    A partir de um tema sugerido, a festa sagrada e profana de Corpus Chris ti, não queríamos reiterar a influência do cristianismo, porque A escola é laica e o Estado também.   Apenas partimos para o prisma ou viés  axiológico (valores), porque  entendemos ser o Cristianismo antes de ser religião uma Filosofia assim como o Budismo. Valores devem ser preservados, independentemente de religião  ou ideologias, porque  faz parte da formação ética e cidadã  das crianças e das famílias.

Parte I (Essa pintura livre mostra um viés psicológico de crianças do primeiro ano, numa fase entre 5 e 6 anos, ainda dentro da libido iniciada aos 3 anos segundo Freud, mas construindo estereótipos de genitores, responsáveis e seu papel na família. De forma bidimensional elas sempre associam imagens a família com desenhos soltos não firmes no chão, como fala Maurren Cox, em "O desenho infantil"

Abstrato. Criança de 6 anos de luto pela morte da avó

Parte II (A partir dos cartões de Rorschach tivemos uma ideia de imitá-los, até porque as crianças têm imaginação fértil e podem explorar de acordo com o momento ou a realidade em que vivem, como uma releitura)

Criança de 8 anos superdotada faz protótipo de robô em desenho com pincel

Parte III (O arco-íris representa a diversidade em termos de gênero, etnia, raça, etc. Destarte as crianças do segundo e terceiro anos já precisam intuir uma linguagem simbólica e a rosácea do arco-íris foi nossa grande deixa para tanto)

Criança cria uma rosácea e gira em sentido horário para fazer efeito arco-íris

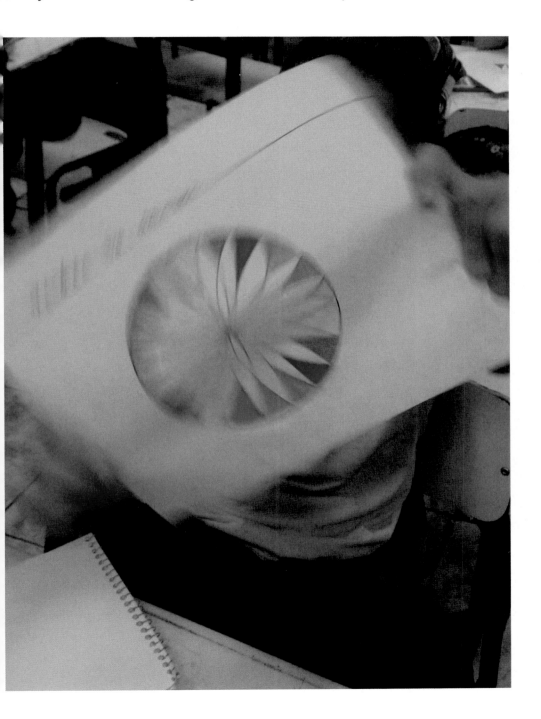

Parte IV (Os símbolos da festa da Páscoa pelo matiz profano ou não, faz parte dos valores de uma clientela cristã, mas nosso foco foram os valores da filosofia cristã, bem adequados à formação ética.

Símbolos da Páscoa como experiências de valores cristãos com criança de 7

anos de idade.

A Rosácea do arco-íris foi uma sugestão nossa por questões axiológicas e ideológicas(diversidade)

Fotografado da lousa (quadro negro) aula prática e teórica.

Moldura criada por criança do gênero feminino de 9 anos de idade.

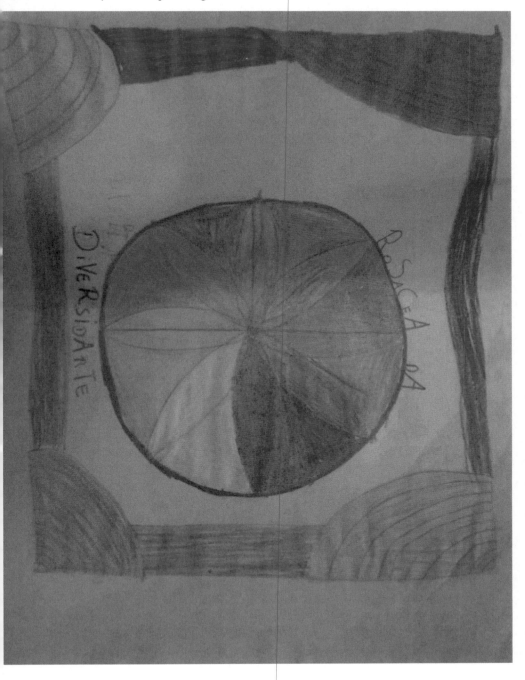

Reforço de valores cristãos profanos. Reforço de valores éticos e dogmas

profanos ou sagrados. Visão filosófica do Cristianismo. Detalhes em preto e branco, perspectiva original.

Desenho original em bidimensionalidade. Páscoa. Perspectivas de valores profanos e sagrados, valores (Axiologia)

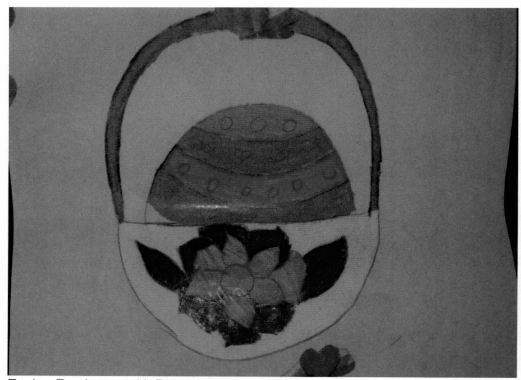

Ensino Fundamental I. Desenho bidimensional, originalidade, valores profanos e sagrados da ética cristã. Equilíbrio e harmonia psicológicos.

Desenho bidimensional, originalidade e harmonia de cores e formas.

Desenho infantil, criança de 7 anos. Bidimensionalidade com harmonia razoável entre forma e cores.

Modificafo pelo aplicstivo Photo Lab. Perspectiva cibernética, cyber-Art.

Modificado pelo aplicativo Photo Lab, Perspectiva cibernética, Cyber-Art.

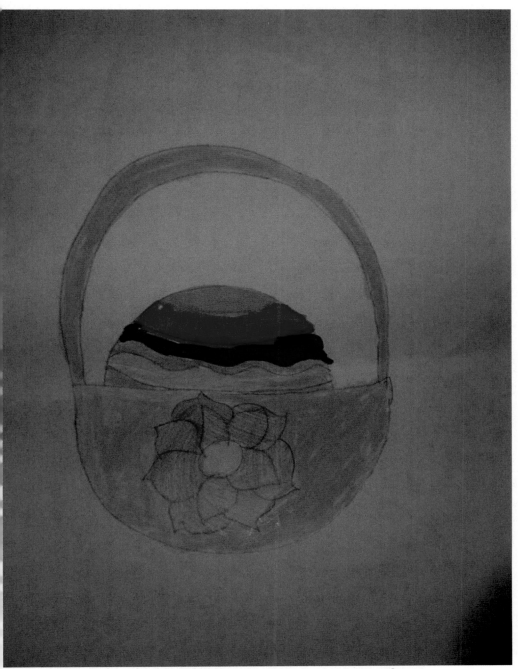

Bidimensionalidade. Razoabilidade em harmonia de cores e formas.

Desenho bidimensional, ovo de Páscoa. Chegando à coordenação motora, 3o. ano Ensino Fundamental I.

Bidimensionalidade com busca de harmonia e coordenação  motora.

Bidimensionalidade com harmonia de cores, fotografado de lado, Boa coordenação  motora. Ensino Fundamental  I.

Modificado pelo aplicativo CyberArt. Perspectiva cibernética, Cyber-Art.
BASEADO NOS CARTÕES DE RORSCHACH, figura aleatória sem o rigor do
teórico, apenas aleatória pela técnica de jogar tinta e dobrar o papel, como um
abstrato à Pollock.

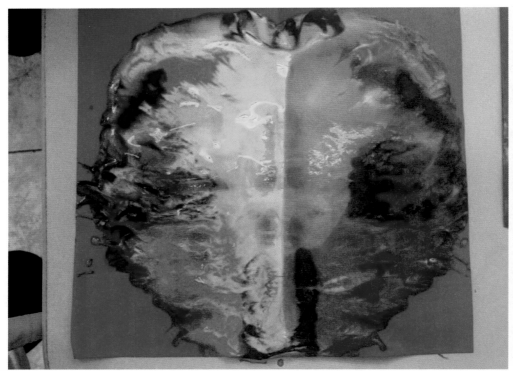

Técnica aleatória a partir da teoria de Rorschach com seus cartões, busca de efeito abstrato para completude do observador. Um cérebro? Uma fruta? Um quê?

Pintura aleatória com efeito abstrato de Pollock, aleatória, sem perder os cartões de Rorschach como inspiração, a partir da técnica de jogar tinta e dobrar o papel.

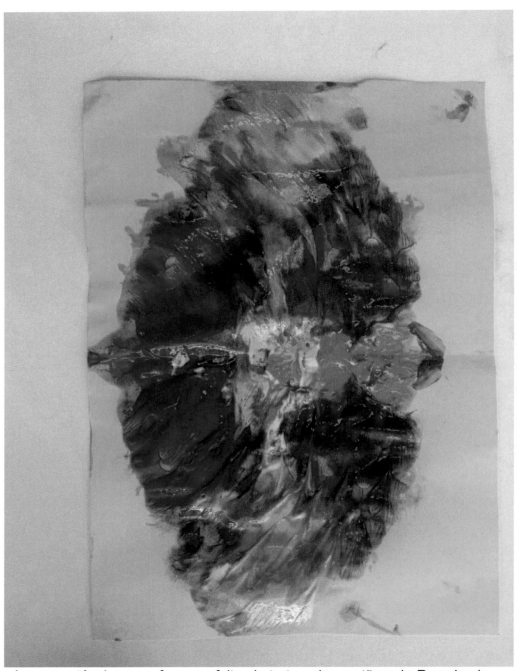

A mesma técnica para fazer o efeito abstrato e dos cartões de Rorschach.

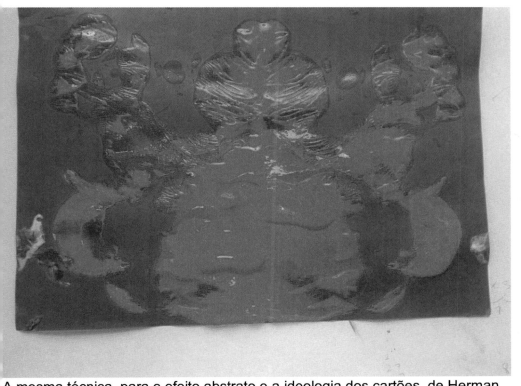

A mesma técnica para o efeito abstrato e a ideologia dos cartões de Herman Rorschach. Releitura e síntese.

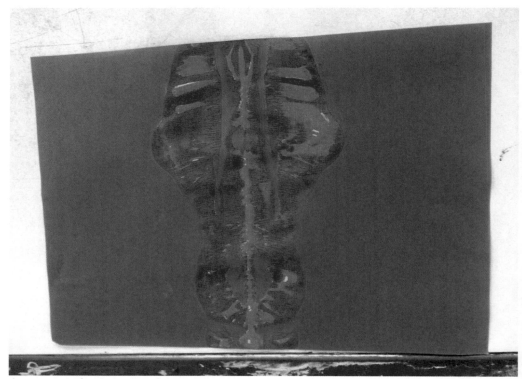

A mesma técnica do efeito abstrato e dos cartões do psicólogo e psiquiatra Rorschach.

Criança do quarto ano do E. FUND. I, protótipo de um robô. A recomendação era a partir dos cartões de Rorschach na perspectiva abstrata com a técnica aleatória de um abstrato à Pollock.

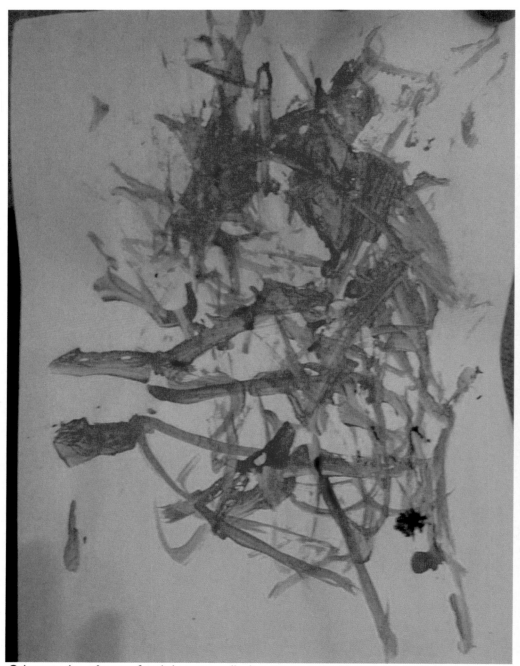

Criança do gênero feminino com limitações  psicológicas. Inclusão,  4o. ano apenas letrada razoavelmente, mas compreendeu a proposta dos cartões, da técnica aleatória, escolheu apenas essa cor sem dobrar o papel.

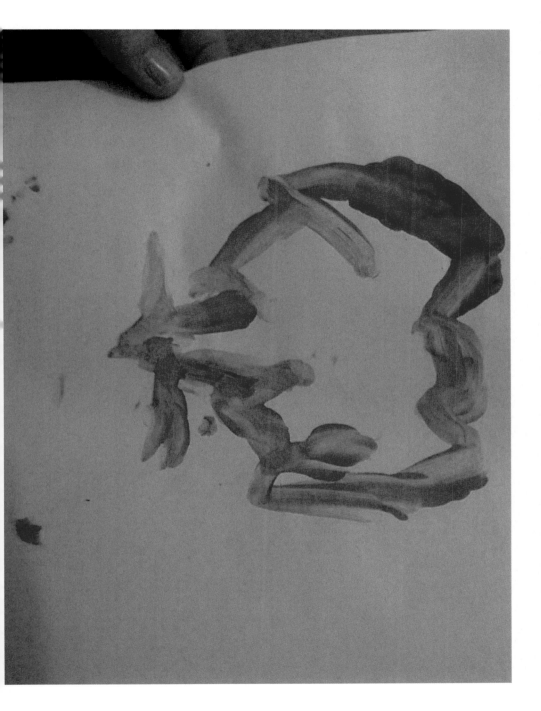

A mesma criança do anterior, com limitações psicológicas.

Mesma criança do anterior, 9 anos, com limitações psicológicas. Usou os dedos sem a técnica aleatória de jogar tintas e dobrar.

Pregnância da forma. Parte e todo. O nascer do abstrato pela Gestalt do design. A partir de uma sugestão de uma janela.

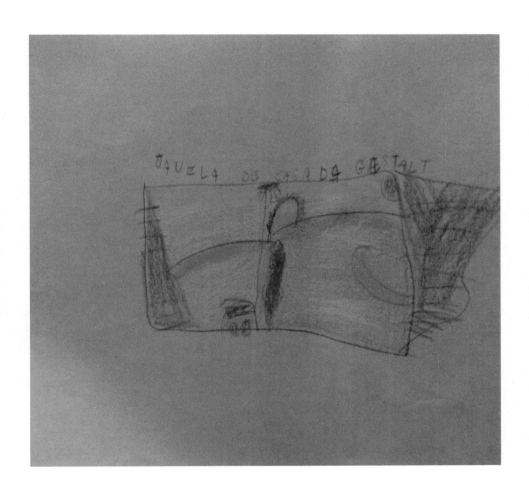

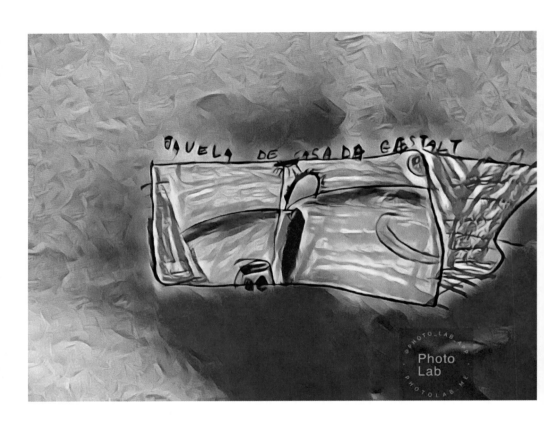

Modificado pelo aplicativo Photo Lab. Gestalt do design, o mesmo anterior. Cyber-Art na perspectiva abstrata.

Dentro da proposta da ARTETERAPIA, pela Gestalt do design, parte e todo.
Desenho sugerido para chegar ao abstrato pela pregnância da forma.

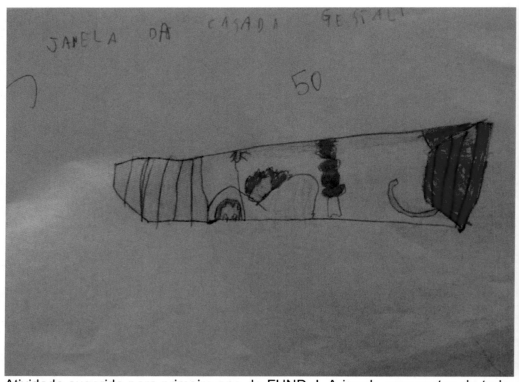

Atividade sugerida para primeiro ano do FUND. I. A janela com partes do todo, Gestalt do design. Pregnância da forma.

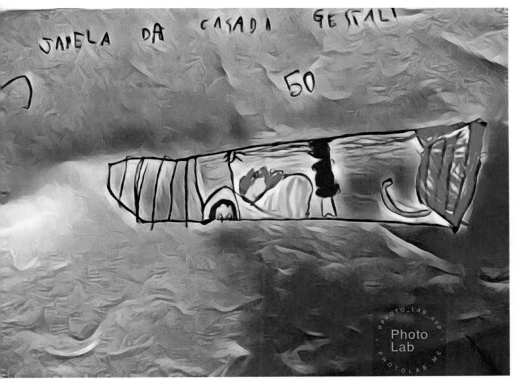

Perspectiva da cyber-Art pelo aplicativo Photo Lab na intenção do abstrato. O mesmo anterior.

Atividade sugerida, a janela da Gestalt do design, parte e todo, figura e fundo. A janela funciona como a forma, os objetos visíveis em partes funcionam como fundo. Perspectivas da pregnância da forma.

A mesma figura anterior modificada pelo aplicativo Photo Lab para criar um efeito abstrato.

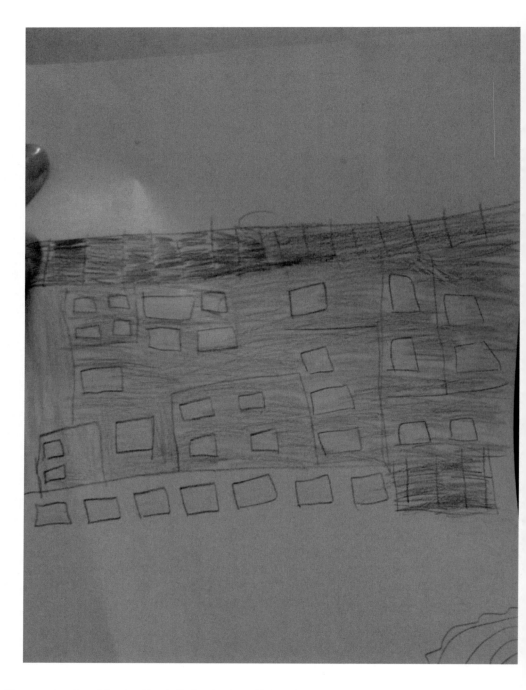

Busca da simetria da Gestalt do design. Primeiro ano do FUND. I.

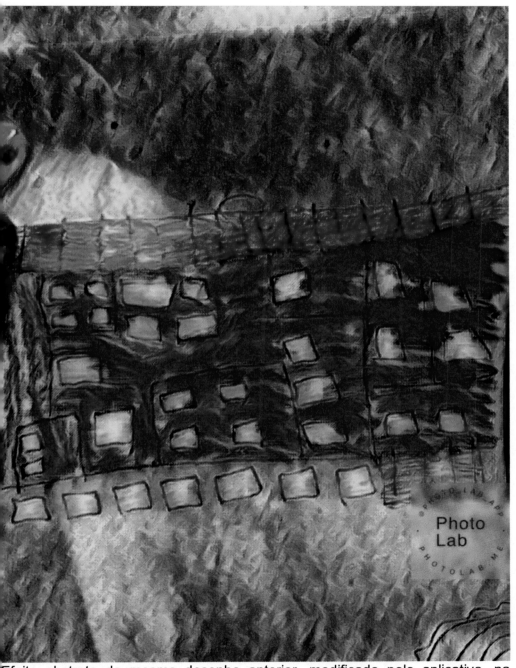

Efeito abstrato do mesmo desenho anterior, modificado pelo aplicativo, na perspectiva da cyber-Art.

O desenho anterior abre uma série  de pintura com pincel e uso de objetos minúsculos artesanais como estrelinhas e glitter. A partir da perspectiva da sugestão  das antítese  alegria x tristeza, ênfase  na alegria em princípio para marcar a antítese.

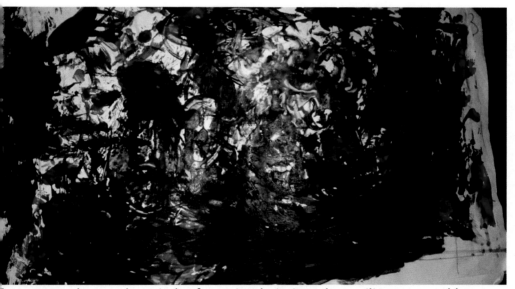

A mesma criança  do anterior fez este abstrato pelas antiteses sugeridas num momento de luto pela perda da avó.  Alegria e tristeza ao mesmo tempo que classificamos como ausência em meio à alegria pueril. Criança  com afetividade marcada com sensibilidade aguçada diante da espontaneidade agressiva das outras.

Da mesma criança  do anterior, ênfase na alegria  A partir das antíteses sugeridas. Fotografado de ponta cabeça  para motivar o espectador. Essa série das antíteses lembra Miró  em seus abstratos pré-surreais na perspectiva do raço infantil como a expressão da psicanálise inicial ou precípua de Freud, calcada no id-ego-superego e na fase da libido a partir dos 3 anos. Por trás  de um tema como alegria ou tristeza, esconde-se a verve natural da libido. Há  os papéis e sua importância  na família  tradicional. Quem é  quem e sua importância na família,  como atesta Maurren Cox em "O desenho infantil"

São todos da mesma sala, primeiro ano, 2016. Ensino Fundamental I.

Criança criativa e superdotada, com 6 anos, valoriza o risco na perspectiva do movimento, como ela vê a sua família dentro da proposta das antíteses alegria x tristeza. Razoável coordenação motora, com o risco intencional que lembra o risco cabelo. Não é hiperativa, mas concentrada em quadrinhos e a busca pelo dinâmico, nunca estático, no desenho.

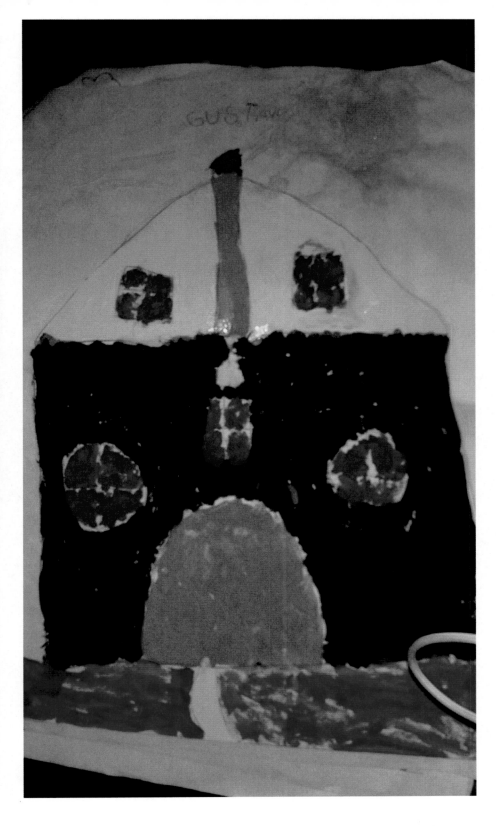

Nesta série da ênfase na alegria com a tristeza rechaçada  ou embutida temos só  crianças do primeiro ano do Ensino Fundamental I.

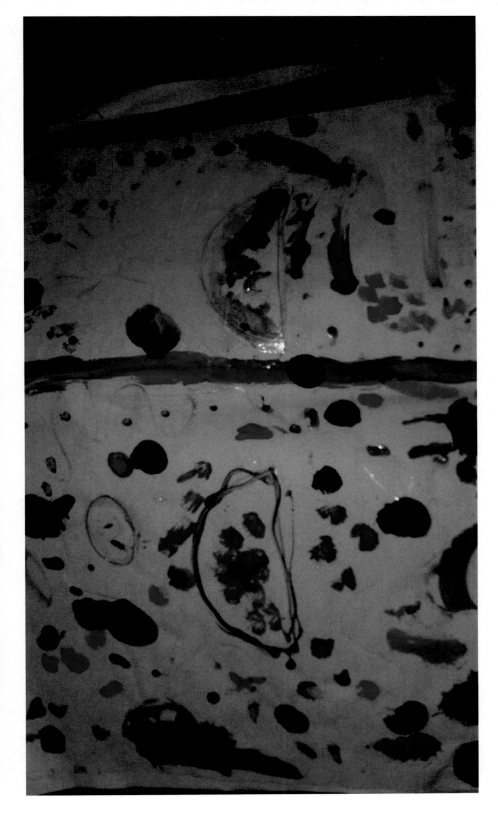

A tristeza é como um eclipse sobre o sol que é a alegria. Criança hiperativa com agressividade e visível vulnerabilidade social.

Apenas letra do, não alfabetizado, assim é o perfil imediato do artista a seguir.

Com 7 anos de idade, no primeiro ano do Ensino Fundamental I.

Assim como ele há  milhares nas periferias de São Paulo,  dispensados comentários  políticos ou ideológicos, mas um país  sem projeto num capitalismo cada vez mais selvagem a correção  de problemas psicológicos  precisa encontrar novo prisma, a arteterapia.

Estes trabalhos foram protagonizados entre 2015 e 2016, numa periferia antes de Vida de Tiradentes onde a clientela vem de comunidades em extrema situação de vulnerabilidade  social, maioria, ainda que haja outras crianças de famílias mais estrutura das em termos sociais, econômicos, psicológicos dentro da média aceitável.

Sem perpetuar a alienação a ARTETERAPIA é uma tentativa de enfatizar a Psicologia Positiva pelos parâmetros da Fenomenologia filosófica e da "awareness" da Gestalt, "curando" a mente e a alma humanas, de forma individual e coletiva, porque o direito à vida saudável passa pelos direitos humanos na perspectiva do Biocentrismo, pois toda vida importa, "Eu vim para que todos tenham vida"!

CONCLUSÃO

Cada obra ou trabalho tem suas características do momento da criança, mas quem vê completa a obra que é sempre multifacetada como se fosse um caleidoscópio.

Quando a arte vira terapia todos podem curar a mente e a alma através da arte, porque a cura da mente ou da alma vão além do corpo, porque existe uma somatização em nossa vida que nos leva a doencas psicológicos, psiquiátricas ou corporais, a menos que já se nasça com deficiência, o que dá margem para outros parâmetros da arteterapia, fora isto é na infância que começam os traumas e sinalizações que repercutirão mais tarde, na fase adulta. Portanto melhor cortar o mal pela raiz.


Nosso arcabouço bibliográfico se circunscreve basicamente a 4 obras ou autores. precipuamente:

1. O desenho da criança de Maurren Cox.
2. Percursos em ARTETERAPIA, Selma Ciornai
3. Técnicas em Gestalt, Phill Joyce e Charlotte Silos
4. Sigmund Freud, volume VII.

Made in the USA
San Bernardino, CA
16 June 2020

73465773R00035